Orando Prosperidad en mi Vida
Un Diario Devocional de Oración de 13 Semanas

**Autora Galardonada Internacionalmente
Toneal M. Jackson**

www.WeAreAPS.com

Copyright © 2020 Por Toneal M. Jackson

Todos los Derechos Reservados.

Ninguna parte de este libro puede reproducirse de forma mecánica, electrónica o por cualquier otro medio, incluidas las fotocopias, sin el permiso por escrito del editor.

ISBN: 978-1-945145-74-2

Nota de la Autora

El propósito del Diario devocional de oración es llevarlo a un estilo de vida de oración al familiarizarse más con Dios. La oración es nuestra forma de comunicarnos con Dios. Más que un momento para proporcionar una lista de demandas (las cosas que queremos y necesitamos), la oración es un estado mental espiritual. Es un momento en el que no solo hablamos con Dios, sino que esperamos escucharlo.

Nuestras vidas de oración pueden carecer de sustancia porque no oramos de manera constante. A menudo, he escuchado a personas decir: "No sé cómo rezar" o incluso, "No sé qué rezar". Este Diario devocional de oración interactivo está diseñado para enseñar métodos de oración. Se proporciona una escritura semanal, con una explicación de cómo las Escrituras se aplican a cada persona, así como consejos de oración que pueden ayudarle a mejorar su vida de oración.

Semana 1

3 Juan 1:2

"Amado, ruego en oración que seas prosperado en todas las cosas, y que tengas salud, así como prospera tu alma."

Explicación

Vive tu mejor vida. Comprenda que la verdadera prosperidad es más que riqueza financiera; es una combinación de buena salud física, mental, espiritual y financiera.

Consejo de Oración

Pídale a Dios que lo mantenga equilibrado en todos los aspectos de su vida.

Lunes

¿Cómo vivir una vida bien balanceada puede beneficiar a su pareja? Tómese el tiempo para comunicarle a Dios por qué cree que esta solicitud es importante para su pareja.

Mi oración por mi pareja:

_____
_____
_____
_____
_____
_____
_____
_____
_____
_____

Martes

¿Cómo vivir una vida bien balanceada puede beneficiar a sus hijos? Tómese el tiempo para comunicarle a Dios por qué cree que esta solicitud es importante para ellos.

Mi oración para mis hijos:

_____
_____
_____
_____
_____
_____
_____
_____
_____
_____
_____
_____
_____

Miércoles

¿Cómo vivir una vida bien balanceada puede beneficiar a su familia? Tómese el tiempo para comunicarle a Dios por qué cree que esta solicitud es importante para ellos.

Mi Oración para mi familia:

_____
_____
_____
_____
_____
_____
_____
_____
_____
_____
_____

Jueves

¿Cómo vivir una vida bien balanceada puede beneficiar a su iglesia y pastor? Tómese el tiempo para comunicarle a Dios por qué cree que esta solicitud es importante para ellos.

Mi Oración para mi iglesia y pastor:

_____
_____
_____
_____
_____
_____
_____
_____
_____
_____
_____
_____

Friday

¿Cómo vivir una vida bien balanceada puede beneficiar a su jefe y compañeros de trabajo? Tómese el tiempo para comunicarle a Dios por qué cree que esta solicitud es importante para ellos.

Mi oración para mi jefe y compañeros de trabajo:

_____
_____
_____
_____
_____
_____
_____
_____
_____
_____

Sábado

¿Cómo vivir una vida bien balanceada puede beneficiar a sus enemigos? Tómese el tiempo para comunicarle a Dios por qué cree que esta solicitud es importante para ellos.

Mi Oración para mis enemigos:

_____
_____
_____
_____
_____
_____
_____
_____
_____
_____
_____
_____

Domingo

¿Cómo vivir una vida bien balanceada puede beneficiarle? Tómese el tiempo para comunicarle a Dios por qué cree que esta solicitud es importante.

Mi Oración para mí:

_____
_____
_____
_____
_____
_____
_____
_____
_____
_____
_____

Semana 2

Deuteronomio 1:11

"¡Jehová Dios de vuestros padres os haga mil veces más de lo que ahora sois, y os bendiga, como os ha prometido!"

Explicación

Debería ser feliz cuando otros prosperen. No debe tener celos o envidia en su corazón, pero debe poder desear genuinamente lo mejor a los demás.

Consejo de Oración

Pídale a Dios que le quite cualquier sentimiento de malicia, envidia o celos.

Lunes

¿Cómo poseer un fuerte sentimiento de alegría para los demás puede beneficiar a su pareja? Tómese el tiempo para comunicarle a Dios por qué cree que esta solicitud es importante para su pareja.

Mi oración por mi pareja:

_____
_____
_____
_____
_____
_____
_____
_____
_____
_____

Martes

¿Cómo poseer un fuerte sentimiento de alegría para los demás puede beneficiar a sus hijos? Tómese el tiempo para comunicarle a Dios por qué cree que esta solicitud es importante para ellos.

Mi oración para mis hijos:

_____
_____
_____
_____
_____
_____
_____
_____
_____
_____
_____
_____
_____

Miércoles

¿Cómo poseer un fuerte sentimiento de alegría para los demás puede beneficiar a su familia? Tómese el tiempo para comunicarle a Dios por qué cree que esta solicitud es importante para ellos.

Mi Oración para mi familia:

_____
_____
_____
_____
_____
_____
_____
_____
_____
_____

Jueves

¿Cómo poseer un fuerte sentimiento de alegría para los demás puede beneficiar a su iglesia y pastor? Tómese el tiempo para comunicarle a Dios por qué cree que esta solicitud es importante para ellos.

Mi Oración para mi iglesia y pastor:

_____
_____
_____
_____
_____
_____
_____
_____
_____
_____
_____

Friday

¿Cómo poseer un fuerte sentimiento de alegría para los demás puede beneficiar a su jefe y compañeros de trabajo? Tómese el tiempo para comunicarle a Dios por qué cree que esta solicitud es importante para ellos.

Mi oración para mi jefe y compañeros de trabajo:

_____
_____
_____
_____
_____
_____
_____
_____
_____
_____

Sábado

¿Cómo poseer un fuerte sentimiento de alegría para los demás puede beneficiar a sus enemigos? Tómese el tiempo para comunicarle a Dios por qué cree que esta solicitud es importante para ellos.

Mi Oración para mis enemigos:

_____
_____
_____
_____
_____
_____
_____
_____
_____
_____
_____
_____

Domingo

¿Cómo poseer un fuerte sentimiento de alegría para los demás puede beneficiarle? Tómese el tiempo para comunicarle a Dios por qué cree que esta solicitud es importante.

Mi Oración para mí:

_____
_____
_____
_____
_____
_____
_____
_____
_____
_____

Semana 3

Deuteronomio 1:21

"Mira, Jehová tu Dios te ha entregado la tierra; sube y toma posesión de ella, como Jehová el Dios de tus padres te ha dicho; no temas ni desmayes."

Explicación

Dios ya le ha dado lo que desea, pero debe estar dispuesto a hacer lo necesario. Debe estar dispuesto a obedecer a Dios.

Consejo de Oración

Ore para que Dios elimine toda duda y temor.

Lunes

¿Cómo remover el espíritu de miedo puede beneficiar a su pareja? Tómese el tiempo para comunicarle a Dios por qué cree que esta solicitud es importante para su pareja.

Mi oración por mi pareja:

_____
_____
_____
_____
_____
_____
_____
_____
_____
_____

Martes

¿Cómo remover el espíritu de miedo puede beneficiar a sus hijos? Tómese el tiempo para comunicarle a Dios por qué cree que esta solicitud es importante para ellos.

Mi oración para mis hijos:

_____
_____
_____
_____
_____
_____
_____
_____
_____
_____
_____
_____
_____

Miércoles

¿Cómo remover el espíritu de miedo puede beneficiar a su familia? Tómese el tiempo para comunicarle a Dios por qué cree que esta solicitud es importante para ellos.

Mi Oración para mi familia:

_____
_____
_____
_____
_____
_____
_____
_____
_____
_____

Jueves

¿Cómo remover el espíritu de miedo puede beneficiar a su iglesia y pastor? Tómese el tiempo para comunicarle a Dios por qué cree que esta solicitud es importante para ellos.

Mi Oración para mi iglesia y pastor:

_____
_____
_____
_____
_____
_____
_____
_____
_____
_____
_____
_____

Friday

¿Cómo remover el espíritu de miedo puede beneficiar a su jefe y compañeros de trabajo? Tómese el tiempo para comunicarle a Dios por qué cree que esta solicitud es importante para ellos.

Mi oración para mi jefe y compañeros de trabajo:

_____
_____
_____
_____
_____
_____
_____
_____
_____
_____

Sábado

¿Cómo remover el espíritu de miedo puede beneficiar a sus enemigos? Tómese el tiempo para comunicarle a Dios por qué cree que esta solicitud es importante para ellos.

Mi Oración para mis enemigos:

_____
_____
_____
_____
_____
_____
_____
_____
_____
_____
_____
_____

Domingo

¿Cómo remover el espíritu de miedo puede beneficiarle? Tómese el tiempo para comunicarle a Dios por qué cree que esta solicitud es importante.

Mi Oración para mí:

_____
_____
_____
_____
_____
_____
_____
_____
_____

Semana 4

Salmo 37:34

"Espera en Jehová, y guarda su camino, Y él te exaltará para heredar la tierra, Y verás la destrucción de los malvados."

Explicación

No confíe en nadie más que en Dios. Cuando tenga fe en Él y obedezca Su voz y Su voluntad para su vida, Él le dará bendiciones. Sus enemigos ni siquiera serán un factor.

Consejo de Oración

Pídale a Dios que aumente su fe.

Lunes

¿Cómo confiar completamente en Dios puede beneficiar a su pareja? Tómese el tiempo para comunicarle a Dios por qué cree que esta solicitud es importante para su pareja.

Mi oración por mi pareja:

_____
_____
_____
_____
_____
_____
_____
_____
_____
_____

Martes

¿Cómo confiar completamente en Dios puede beneficiar a sus hijos? Tómese el tiempo para comunicarle a Dios por qué cree que esta solicitud es importante para ellos.

Mi oración para mis hijos:

_____
_____
_____
_____
_____
_____
_____
_____
_____
_____
_____
_____

Miércoles

¿Cómo confiar completamente en Dios puede beneficiar a su familia? Tómese el tiempo para comunicarle a Dios por qué cree que esta solicitud es importante para ellos.

Mi Oración para mi familia:

_____
_____
_____
_____
_____
_____
_____
_____
_____
_____

Jueves

¿Cómo confiar completamente en Dios puede beneficiar a su iglesia y pastor? Tómese el tiempo para comunicarle a Dios por qué cree que esta solicitud es importante para ellos.

Mi Oración para mi iglesia y pastor:

_____
_____
_____
_____
_____
_____
_____
_____
_____
_____
_____
_____
_____

Friday

¿Cómo confiar completamente en Dios puede beneficiar a su jefe y compañeros de trabajo? Tómese el tiempo para comunicarle a Dios por qué cree que esta solicitud es importante para ellos.

Mi oración para mi jefe y compañeros de trabajo:

_____
_____
_____
_____
_____
_____
_____
_____
_____
_____
_____

Sábado

¿Cómo confiar completamente en Dios puede beneficiar a sus enemigos? Tómese el tiempo para comunicarle a Dios por qué cree que esta solicitud es importante para ellos.

Mi Oración para mis enemigos:

_____
_____
_____
_____
_____
_____
_____
_____
_____
_____
_____
_____

Domingo

¿Cómo confiar completamente en Dios puede beneficiarle? Tómese el tiempo para comunicarle a Dios por qué cree que esta solicitud es importante.

Mi Oración para mí:

_____
_____
_____
_____
_____
_____
_____
_____
_____

Semana 5

1 Reyes 2:3

"Guarda los preceptos de Jehová tu Dios, andando en sus caminos, y observando sus estatutos y mandamientos, sus decretos y sus testimonios, de la manera que está escrito en la ley de Moisés, para que prosperes en todo lo que hagas y en todo aquello que emprendas."

Explicación

El verdadero éxito viene como resultado de la completa obediencia a Dios. Cuando camine en su propósito y cumple sus leyes, Él se asegurará de que tenga todo lo que necesita.

Consejo de Oración

Ore para que Dios aumente su capacidad de concentración.

Lunes

¿Cómo aumentar el sentido del enfoque puede beneficiar a su pareja? Tómese el tiempo para comunicarle a Dios por qué cree que esta solicitud es importante para su pareja.

Mi oración por mi pareja:

_____
_____
_____
_____
_____
_____
_____
_____
_____
_____

Martes

¿Cómo aumentar el sentido del enfoque puede beneficiar a sus hijos? Tómese el tiempo para comunicarle a Dios por qué cree que esta solicitud es importante para ellos.

Mi oración para mis hijos:

_____
_____
_____
_____
_____
_____
_____
_____
_____
_____
_____

Miércoles

¿Cómo aumentar el sentido del enfoque puede beneficiar a su familia? Tómese el tiempo para comunicarle a Dios por qué cree que esta solicitud es importante para ellos.

Mi Oración para mi familia:

_____
_____
_____
_____
_____
_____
_____
_____
_____
_____
_____
_____

Jueves

¿Cómo aumentar el sentido del enfoque puede beneficiar a su iglesia y pastor? Tómese el tiempo para comunicarle a Dios por qué cree que esta solicitud es importante para ellos.

Mi Oración para mi iglesia y pastor:

_____
_____
_____
_____
_____
_____
_____
_____
_____
_____
_____
_____
_____

Friday

¿Cómo aumentar el sentido del enfoque puede beneficiar a su jefe y compañeros de trabajo? Tómese el tiempo para comunicarle a Dios por qué cree que esta solicitud es importante para ellos.

Mi oración para mi jefe y compañeros de trabajo:

_____
_____
_____
_____
_____
_____
_____
_____
_____
_____

Sábado

¿Cómo aumentar el sentido del enfoque puede beneficiar a sus enemigos? Tómese el tiempo para comunicarle a Dios por qué cree que esta solicitud es importante para ellos.

Mi Oración para mis enemigos:

_____
_____
_____
_____
_____
_____
_____
_____
_____
_____
_____
_____

Domingo

¿Cómo aumentar el sentido del enfoque puede beneficiarle? Tómese el tiempo para comunicarle a Dios por qué cree que esta solicitud es importante.

Mi Oración para mí:

_____
_____
_____
_____
_____
_____
_____
_____
_____
_____

Semana 6
Joshua 1:8

"Que no se aparte de tu boca este libro de la ley, sino que de día y de noche has de meditar en él, para que guardes y hagas conforme a todo lo que en él está escrito; porque entonces harás prosperar tu camino, y todo te saldrá bien."

Explicación

Debe estudiar y obedecer la palabra de Dios. Todo lo que necesita saber para tener éxito en la vida está contenido allí.

Consejo de Oración

Pídale a Dios que le ayude a hacer del estudio de Su palabra una prioridad.

Lunes

¿Cómo estudiar la palabra de Dios puede beneficiar a su pareja? Tómese el tiempo para comunicarle a Dios por qué cree que esta solicitud es importante para su pareja.

Mi oración por mi pareja:

_____
_____
_____
_____
_____
_____
_____
_____
_____
_____

Martes

¿Cómo estudiar la palabra de Dios puede beneficiar a sus hijos? Tómese el tiempo para comunicarle a Dios por qué cree que esta solicitud es importante para ellos.

Mi oración para mis hijos:

_____
_____
_____
_____
_____
_____
_____
_____
_____
_____
_____
_____

Miércoles

¿Cómo estudiar la palabra de Dios puede beneficiar a su familia? Tómese el tiempo para comunicarle a Dios por qué cree que esta solicitud es importante para ellos.

Mi Oración para mi familia:

_____
_____
_____
_____
_____
_____
_____
_____
_____
_____

Jueves

¿Cómo estudiar la palabra de Dios puede beneficiar a su iglesia y pastor? Tómese el tiempo para comunicarle a Dios por qué cree que esta solicitud es importante para ellos.

Mi Oración para mi iglesia y pastor:

_____
_____
_____
_____
_____
_____
_____
_____
_____
_____
_____
_____

Friday

¿Cómo estudiar la palabra de Dios puede beneficiar a su jefe y compañeros de trabajo? Tómese el tiempo para comunicarle a Dios por qué cree que esta solicitud es importante para ellos.

Mi oración para mi jefe y compañeros de trabajo:

_____
_____
_____
_____
_____
_____
_____
_____
_____
_____
_____
_____

Sábado

¿Cómo estudiar la palabra de Dios puede beneficiar a sus enemigos? Tómese el tiempo para comunicarle a Dios por qué cree que esta solicitud es importante para ellos.

Mi Oración para mis enemigos:

_____
_____
_____
_____
_____
_____
_____
_____
_____
_____

Domingo

¿Cómo estudiar la palabra de Dios puede beneficiarle? Tómese el tiempo para comunicarle a Dios por qué cree que esta solicitud es importante.

Mi Oración para mí:

_____
_____
_____
_____
_____
_____
_____
_____
_____
_____

Semana 7

Jeremías 29:11

"Porque yo sé los pensamientos que tengo acerca de vosotros, dice Jehová, pensamientos de paz, y no de desgracia, para daros un porvenir y una esperanza."

Explicación

Incluso cuando no esté seguro del propósito de su vida, confíe en que Dios no solo lo sabe, sino que tiene planes que son lo mejor para usted.

Consejo de Oración

Pídale a Dios el espíritu de discernimiento.

Lunes

¿Cómo poseer el espíritu de discernimiento puede beneficiar a su pareja? Tómese el tiempo para comunicarle a Dios por qué cree que esta solicitud es importante para su pareja.

Mi oración por mi pareja:

_____
_____
_____
_____
_____
_____
_____
_____
_____
_____

Martes

¿Cómo poseer el espíritu de discernimiento puede beneficiar a sus hijos? Tómese el tiempo para comunicarle a Dios por qué cree que esta solicitud es importante para ellos.

Mi oración para mis hijos:

_____
_____
_____
_____
_____
_____
_____
_____
_____
_____
_____

Miércoles

¿Cómo poseer el espíritu de discernimiento puede beneficiar a su familia? Tómese el tiempo para comunicarle a Dios por qué cree que esta solicitud es importante para ellos.

Mi Oración para mi familia:

_____
_____
_____
_____
_____
_____
_____
_____
_____
_____
_____

Jueves

¿Cómo poseer el espíritu de discernimiento puede beneficiar a su iglesia y pastor? Tómese el tiempo para comunicarle a Dios por qué cree que esta solicitud es importante para ellos.

Mi Oración para mi iglesia y pastor:

_____
_____
_____
_____
_____
_____
_____
_____
_____
_____
_____

Friday

¿Cómo poseer el espíritu de discernimiento? Tómese el tiempo para comunicarle a Dios por qué cree que esta solicitud es importante para ellos.

Mi oración para mi jefe y compañeros de trabajo:

_____
_____
_____
_____
_____
_____
_____
_____
_____
_____

Sábado

¿Cómo poseer el espíritu de discernimiento puede beneficiar a sus enemigos? Tómese el tiempo para comunicarle a Dios por qué cree que esta solicitud es importante para ellos.

Mi Oración para mis enemigos:

_____
_____
_____
_____
_____
_____
_____
_____
_____
_____
_____
_____
_____

Domingo

¿Cómo poseer el espíritu de discernimiento puede beneficiarle? Tómese el tiempo para comunicarle a Dios por qué cree que esta solicitud es importante.

Mi Oración para mí:

_____
_____
_____
_____
_____
_____
_____
_____
_____
_____
_____

Semana 8

Proverbios 11:25

"El alma generosa será prosperada; Y el que saciare, él también será saciado."

Explicación

Esté dispuesto a dar con alegría. Cosechará lo que ha sembrado. Lo que le haga a los demás se lo harán a usted.

Consejo de Oración

Ore para que Dios le dé un corazón generoso.

Lunes

¿Cómo ser generoso puede beneficiar a su pareja? Tómese el tiempo para comunicarle a Dios por qué cree que esta solicitud es importante para su pareja.

Mi oración por mi pareja:

_____
_____
_____
_____
_____
_____
_____
_____
_____
_____
_____
_____

Martes

¿Cómo ser generoso puede beneficiar a sus hijos? Tómese el tiempo para comunicarle a Dios por qué cree que esta solicitud es importante para ellos.

Mi oración para mis hijos:

_____
_____
_____
_____
_____
_____
_____
_____
_____
_____
_____
_____
_____
_____

Miércoles

¿Cómo ser generoso puede beneficiar a su familia? Tómese el tiempo para comunicarle a Dios por qué cree que esta solicitud es importante para ellos.

Mi Oración para mi familia:

_____
_____
_____
_____
_____
_____
_____
_____
_____
_____

Jueves

¿Cómo ser generoso puede beneficiar a su iglesia y pastor? Tómese el tiempo para comunicarle a Dios por qué cree que esta solicitud es importante para ellos.

Mi Oración para mi iglesia y pastor:

_____
_____
_____
_____
_____
_____
_____
_____
_____
_____
_____
_____

Friday

¿Cómo ser generoso puede beneficiar a su jefe y compañeros de trabajo? Tómese el tiempo para comunicarle a Dios por qué cree que esta solicitud es importante para ellos.

Mi oración para mi jefe y compañeros de trabajo:

_____
_____
_____
_____
_____
_____
_____
_____
_____
_____
_____
_____

Sábado

¿Cómo ser generoso puede beneficiar a sus enemigos? Tómese el tiempo para comunicarle a Dios por qué cree que esta solicitud es importante para ellos.

Mi Oración para mis enemigos:

_____
_____
_____
_____
_____
_____
_____
_____
_____
_____
_____
_____

Domingo

¿Cómo ser generoso puede beneficiarle? Tómese el tiempo para comunicarle a Dios por qué cree que esta solicitud es importante.

Mi Oración para mí:

_____
_____
_____
_____
_____
_____
_____
_____
_____
_____

Semana 9

Mateo 6:33

"Mas buscad primeramente el reino de Dios y su justicia, y todas estas cosas os serán añadidas."

Explicación

La riqueza más destacada se obtiene espiritualmente, buscando las cosas de Dios. Una vez que los poseas, las cosas materialistas seguirán.

Consejo de Oración

Pídale a Dios que le revele sus vacíos espirituales.

Lunes

¿Cómo llenar los vacíos espirituales puede beneficiar a su pareja? Tómese el tiempo para comunicarle a Dios por qué cree que esta solicitud es importante para su pareja.

Mi oración por mi pareja:

_____
_____
_____
_____
_____
_____
_____
_____
_____
_____

Martes

¿Cómo llenar los vacíos espirituales puede beneficiar a sus hijos? Tómese el tiempo para comunicarle a Dios por qué cree que esta solicitud es importante para ellos.

Mi oración para mis hijos:

_____
_____
_____
_____
_____
_____
_____
_____
_____
_____
_____
_____

Miércoles

¿Cómo llenar los vacíos espirituales puede beneficiar a su familia? Tómese el tiempo para comunicarle a Dios por qué cree que esta solicitud es importante para ellos.

Mi Oración para mi familia:

_____
_____
_____
_____
_____
_____
_____
_____
_____
_____

Jueves

¿Cómo llenar los vacíos espirituales puede beneficiar a su iglesia y pastor? Tómese el tiempo para comunicarle a Dios por qué cree que esta solicitud es importante para ellos.

Mi Oración para mi iglesia y pastor:

_____
_____
_____
_____
_____
_____
_____
_____
_____
_____
_____
_____

Friday

¿Cómo llenar los vacíos espirituales puede beneficiar a su jefe y compañeros de trabajo? Tómese el tiempo para comunicarle a Dios por qué cree que esta solicitud es importante para ellos.

Mi oración para mi jefe y compañeros de trabajo:

_____
_____
_____
_____
_____
_____
_____
_____
_____
_____
_____

Sábado

¿Cómo llenar los vacíos espirituales puede beneficiar a sus enemigos? Tómese el tiempo para comunicarle a Dios por qué cree que esta solicitud es importante para ellos.

Mi Oración para mis enemigos:

_____
_____
_____
_____
_____
_____
_____
_____
_____
_____
_____
_____

Domingo

¿Cómo llenar los vacíos espirituales puede beneficiarle? Tómese el tiempo para comunicarle a Dios por qué cree que esta solicitud es importante.

Mi Oración para mí:

_____
_____
_____
_____
_____
_____
_____
_____
_____
_____
_____

Semana 10

Lucas 6:38

"Dad, y se os dará; una medida buena, apretada, remecida y rebosante os pondrán en el regazo. Porque con la misma medida con que medís, os volverán a medir."

Explicación Todo lo que des, te será dado. El espíritu con el que das, será el espíritu de que el regalo sea correspondido.

Consejo de Oración

Pídale a Dios que le conceda un espíritu genuino de generosidad.

Lunes

¿Cómo poseer un espíritu de generosidad puede beneficiar a su pareja? Tómese el tiempo para comunicarle a Dios por qué cree que esta solicitud es importante para su pareja.

Mi oración por mi pareja:

_____
_____
_____
_____
_____
_____
_____
_____
_____
_____

Martes

¿Cómo poseer un espíritu de generosidad puede beneficiar a sus hijos? Tómese el tiempo para comunicarle a Dios por qué cree que esta solicitud es importante para ellos.

Mi oración para mis hijos:

_____
_____
_____
_____
_____
_____
_____
_____
_____
_____
_____
_____
_____
_____

Miércoles

¿Cómo poseer un espíritu de generosidad puede beneficiar a su familia? Tómese el tiempo para comunicarle a Dios por qué cree que esta solicitud es importante para ellos.

Mi Oración para mi familia:

Jueves

¿Cómo poseer un espíritu de generosidad puede beneficiar a su iglesia y pastor? Tómese el tiempo para comunicarle a Dios por qué cree que esta solicitud es importante para ellos.

Mi Oración para mi iglesia y pastor:

_____
_____
_____
_____
_____
_____
_____
_____
_____
_____
_____
_____

Friday

¿Cómo poseer un espíritu de generosidad puede beneficiar a su jefe y compañeros de trabajo? Tómese el tiempo para comunicarle a Dios por qué cree que esta solicitud es importante para ellos.

Mi oración para mi jefe y compañeros de trabajo:

_____
_____
_____
_____
_____
_____
_____
_____
_____
_____
_____
_____

Sábado

¿Cómo poseer un espíritu de generosidad puede beneficiar a sus enemigos? Tómese el tiempo para comunicarle a Dios por qué cree que esta solicitud es importante para ellos.

Mi Oración para mis enemigos:

_____
_____
_____
_____
_____
_____
_____
_____
_____
_____
_____

Domingo

¿Cómo poseer un espíritu de generosidad puede beneficiarle? Tómese el tiempo para comunicarle a Dios por qué cree que esta solicitud es importante.

Mi Oración para mí:

_____
_____
_____
_____
_____
_____
_____
_____
_____
_____

Semana 11

1 Corintios 9:6
"¿O sólo yo y Bernabé no tenemos derecho a no trabajar?"

Explicación

El espíritu con el que da afectará directamente la forma en que recibe. Recuerde siempre que se convertirá en el destinatario. Asegúrese de querer recibir lo que se le presente.

Consejo de Oración

Ore para que Dios le conceda la capacidad de bendecir a otros.

Lunes

¿Cómo bendecir a otras personas puede beneficiar a su pareja? Tómese el tiempo para comunicarle a Dios por qué cree que esta solicitud es importante para su pareja.

Mi oración por mi pareja:

_____
_____
_____
_____
_____
_____
_____
_____
_____
_____
_____

Martes

¿Cómo bendecir a otras personas puede beneficiar a sus hijos? Tómese el tiempo para comunicarle a Dios por qué cree que esta solicitud es importante para ellos.

Mi oración para mis hijos:

_____
_____
_____
_____
_____
_____
_____
_____
_____
_____
_____
_____
_____

Miércoles

¿Cómo bendecir a otras personas puede beneficiar a su familia? Tómese el tiempo para comunicarle a Dios por qué cree que esta solicitud es importante para ellos.

Mi Oración para mi familia:

_____
_____
_____
_____
_____
_____
_____
_____
_____
_____

Jueves

¿Cómo bendecir a otras personas puede beneficiar a su iglesia y pastor? Tómese el tiempo para comunicarle a Dios por qué cree que esta solicitud es importante para ellos.

Mi Oración para mi iglesia y pastor:

_____
_____
_____
_____
_____
_____
_____
_____
_____
_____
_____
_____

Friday

¿Cómo bendecir a otras personas puede beneficiar a su jefe y compañeros de trabajo? Tómese el tiempo para comunicarle a Dios por qué cree que esta solicitud es importante para ellos.

Mi oración para mi jefe y compañeros de trabajo:

_____
_____
_____
_____
_____
_____
_____
_____
_____
_____

Sábado

¿Cómo bendecir a otras personas puede beneficiar a sus enemigos? Tómese el tiempo para comunicarle a Dios por qué cree que esta solicitud es importante para ellos.

Mi Oración para mis enemigos:

_____
_____
_____
_____
_____
_____
_____
_____
_____
_____
_____

Domingo

¿Cómo bendecir a otras personas puede beneficiarle? Tómese el tiempo para comunicarle a Dios por qué cree que esta solicitud es importante.

Mi Oración para mí:

_____
_____
_____
_____
_____
_____
_____
_____
_____
_____

Semana 12

Santiago 4:10

"Humíllense ante los ojos del Señor, y él los exaltará."

Explicación

Poseer un sentido de humildad es esencial para la obra del reino. Recuerde que lo bueno es la gracia de Dios. Si lo honra, será recompensado.

Consejo de Oración

Ore para que Dios siempre le permita permanecer humilde.

Lunes

¿Cómo mantener un espíritu de humildad puede beneficiar a su pareja? Tómese el tiempo para comunicarle a Dios por qué cree que esta solicitud es importante para su pareja.

Mi oración por mi pareja:

_____
_____
_____
_____
_____
_____
_____
_____
_____

Martes

¿Cómo mantener un espíritu de humildad puede beneficiar a sus hijos? Tómese el tiempo para comunicarle a Dios por qué cree que esta solicitud es importante para ellos.

Mi oración para mis hijos:

_____
_____
_____
_____
_____
_____
_____
_____
_____
_____
_____

Miércoles

¿Cómo mantener un espíritu de humildad puede beneficiar a su familia? Tómese el tiempo para comunicarle a Dios por qué cree que esta solicitud es importante para ellos.

Mi Oración para mi familia:

_____
_____
_____
_____
_____
_____
_____
_____
_____
_____

Jueves

¿Cómo mantener un espíritu de humildad puede beneficiar a su iglesia y pastor? Tómese el tiempo para comunicarle a Dios por qué cree que esta solicitud es importante para ellos.

Mi Oración para mi iglesia y pastor:

_____
_____
_____
_____
_____
_____
_____
_____
_____
_____
_____
_____

Friday

¿Cómo mantener un espíritu de humildad puede beneficiar a su jefe y compañeros de trabajo? Tómese el tiempo para comunicarle a Dios por qué cree que esta solicitud es importante para ellos.

Mi oración para mi jefe y compañeros de trabajo:

_____
_____
_____
_____
_____
_____
_____
_____
_____
_____
_____
_____

Sábado

¿Cómo mantener un espíritu de humildad puede beneficiar a sus enemigos? Tómese el tiempo para comunicarle a Dios por qué cree que esta solicitud es importante para ellos.

Mi Oración para mis enemigos:

_____
_____
_____
_____
_____
_____
_____
_____
_____
_____

Domingo

¿Cómo mantener un espíritu de humildad puede beneficiarle? Tómese el tiempo para comunicarle a Dios por qué cree que esta solicitud es importante.

Mi Oración para mí:

_____
_____
_____
_____
_____
_____
_____
_____
_____
_____

Semana 13

Salmo 118:25

"Oh Jehová, sálvanos ahora, te ruego; Te ruego, oh Jehová, que nos hagas prosperar ahora."

Explicación

Lo que sea que logres, quiere que sea porque Dios se lo dio. Es importante cómo obtiene sus pasiones.

Consejo de Oración

Pídale a Dios que lo mantenga honesto en todos sus esfuerzos.

Lunes

¿Cómo poseer integridad puede beneficiar a su pareja? Tómese el tiempo para comunicarle a Dios por qué cree que esta solicitud es importante para su pareja.

Mi oración por mi pareja:

_____
_____
_____
_____
_____
_____
_____
_____
_____

Martes

¿Cómo poseer integridad puede beneficiar a sus hijos? Tómese el tiempo para comunicarle a Dios por qué cree que esta solicitud es importante para ellos.

Mi oración para mis hijos:

_____
_____
_____
_____
_____
_____
_____
_____
_____
_____
_____
_____

Miércoles

¿Cómo poseer integridad puede beneficiar a su familia? Tómese el tiempo para comunicarle a Dios por qué cree que esta solicitud es importante para ellos.

Mi Oración para mi familia:

_____
_____
_____
_____
_____
_____
_____
_____
_____
_____

Jueves

¿Cómo poseer integridad puede beneficiar a su iglesia y pastor? Tómese el tiempo para comunicarle a Dios por qué cree que esta solicitud es importante para ellos.

Mi Oración para mi iglesia y pastor:

_____
_____
_____
_____
_____
_____
_____
_____
_____
_____
_____
_____

Friday

¿Cómo poseer integridad puede beneficiar a su jefe y compañeros de trabajo? Tómese el tiempo para comunicarle a Dios por qué cree que esta solicitud es importante para ellos.

Mi oración para mi jefe y compañeros de trabajo:

_____
_____
_____
_____
_____
_____
_____
_____
_____
_____
_____

Sábado

¿Cómo poseer integridad puede beneficiar a sus enemigos? Tómese el tiempo para comunicarle a Dios por qué cree que esta solicitud es importante para ellos.

Mi Oración para mis enemigos:

_____
_____
_____
_____
_____
_____
_____
_____
_____
_____
_____
_____

Domingo

¿Cómo poseer integridad puede beneficiarle? Tómese el tiempo para comunicarle a Dios por qué cree que esta solicitud es importante.

Mi Oración para mí:

_____
_____
_____
_____
_____
_____
_____
_____
_____
_____
_____

Epílogo

La esperanza es que ahora que ha llegado al final de este diario, haya aprendido:

- Que la oración no se trata solo de usted
- Cómo orar de manera más eficaz
- Cómo buscar la paz de Dios

También oro para que haya obtenido una mayor sensación de paz de la que poseía hace 13 Semanas. Mi deseo es que cuando las tormentas de la vida comiencen a tocar a su puerta, pueda aplicar los principios de oración que ha aprendido. No se deje vencer por la preocupación y el miedo. Recuerde confiar continuamente en Dios.

Toneal M. Jackson es un autor galardonado a nivel nacional e internacional; Editor; y orador inspirador. Es la fundadora de Artists Promoting Success, así como de #ImGladToBeAWoman, una organización que empodera a las mujeres.

En 2012, CBS Chicago la nombró una de las "5 autoras y editoras independientes a las que hay que prestar atención". Fue incorporada a la Liga Profesional de Mujeres Jóvenes en 2016 y a POWER (Organización Profesional de Mujeres de Excelencia reconocida) en 2018. En 2019, recibió el premio I Change Nations Award por su trabajo en la industria literaria. Para obtener más información sobre Toneal, visite: www.AWEInspiringCoach.com

Otros Libros de Toneal M. Jackson:

Cómo Complacer a su Pareja: Una Guía Espiritual Para la Felicidad
Cuatro Chicas: Muchas Opciones
Cuatro Chicas Aprenden sus Colores
Es una forma de decirlo todo: Cómo comunicarse con sus Hijos
Es una forma de decirlo todo: Cómo Comunicarse con su Pareja para ser Feliz
Ella Está Fuera. Estoy Inspirada desde ARRIBA.
Aprendiendo a Amarme
Ámame, Por Favor
Ser una Autor Emprendedor: Cómo Triunfar en el Mundo de los Libros
La carrera Hacia el Anillo: Las siete C de un Noviazgo Exitoso
Antología del Fruto del Espíritu: Tomar los Momentos Amargos de la Vida y Hacerlos Dulces
Orando con Propósito para Mi Vida (Diario)
Orando por los Problemas de mi Vida (Diario)
Orando por Prosperidad en mi Vida (Diario)
Alabando a Través de la Pandemia

www.ingramcontent.com/pod-product-compliance
Lightning Source LLC
LaVergne TN
LVHW051845080426
835512LV00018B/3087